KB110988

걱정 따위,
I DON'T CARE

100 Small Ways to Quit Worrying

Copyright © 2017 Quarto Inc.

First published in 2017 by New Burlington, an imprint of Quarto Publishing Plc.

All rights reserved.

No part of this book may be used or reproduced in any manner whatever without written permission except in the case of brief quotations embodied in critical articles or reviews.

Korean Translation Copyright © 2019 by Ulysses Publishing Co.
Published by arrangement with Quarto Publishing Plc through BC Agency, Seoul.

이 책의 한국어판 저작권은 BC 에이전시를 통해 저작권자와 독점 계약한 율리시즈에 있습니다.
저작권법에 의해 보호를 받는 저작물이므로 무단전재와 복제를 금합니다.

걱정 따위,
I DON'T CARE

올리버 루크 델로리 지음 | 이현수 옮김

율리시즈

서문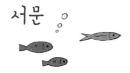

걱정은 당신의 잠재력을 갉아먹는 가장 무시무시한 적입니다.

살면서 무엇을 선택하든, 정말 이 배신의 적만큼 삶을 끈덕지게 가로막는

것도 없을 것입니다. 단지 상상에 지나지 않지만, 이 적은 꿈으로 가는

길을 막아버리고 말지요.

걱정은 원하지 않는 것을 바라는 데서 생깁니다. 그러니 이미 원치 않는

것을 넘치게 갖고 있다면, 이 100가지 방법 중에서 무기를 골라보세요.

사악한 기운으로 무장한 걱정거리들이 지금까지 힘들게 쌓아온 것들을

무너뜨릴 것처럼 꿈틀대며 주말을 침범해온다면 빗장을 단단히 채우시길.

걱정이 없다면 당신의 진짜 모습은 어떠할까요? 꿈이 이루어진다면 무얼

하고 싶습니까? 이것만 기억하세요. 걱정으로 가득 차 있는 한, 삶의

마법과 기적, 행복과 사랑이 들어설 공간이 없다는 것을 말이죠.

차례

서문 __ 5

1. 새로운 친구 만들기 __ 10
2. 잠시 눈감아보기 __ 12
3. 나는 믿음직한 사람 __ 13
4. 경청하기 __ 14
5. 나만의 롤 모델 찾기 __ 15
6. 티몬과 품바처럼, 하쿠나 마타타 __ 16
7. 자존심 버리고 용서 구하기 __ 17
8. 숨을 깊이 들이마심 __ 18
9. 보디가드 경비견 기르기 __ 19
10. 잠을 푹 잘 것! __ 20
11. 그냥 있는 그대로 받아들이기 __ 21
12. 두려움과 맞서기 __ 22
13. 자연 속을 거닐기 __ 24

14. 컴퓨터 끄기 __ 25
15. 느림의 미학 __ 26
16. 보험을 몇 개 들어두기 __ 27
17. 뜨개질에 도전 __ 28
18. 샐러드 만들어먹기 __ 30
19. 호신술 배우기 __ 31
20. 위임의 기술 __ 32
21. 제일 미운 사람 용서하기 __ 34
22. 매사에 감사하기 __ 35
23. 미래의 나에게 편지쓰기 __ 36
24. 휴가계획 세우기 __ 37
25. 지금 누리는 것들에 감사 __ 38
26. 걱정하며 보내는 시간은 휴지통에 __ 39

27. 진심 어린 비판 수용하기 __ 40

28. 영감을 주든, 시시하든, 독서를 __ 41

29. 절친에게 전화걸기 __ 42

30. 반려견과 산책 __ 43

31. 코메디 보며 깔깔깔 __ 44

32. 일중독에서 벗어나기 __ 45

33. 손 세정제 써보기 __ 46

34. 맛있게 물 한잔을 __ 47

35. 복권 구입 __ 48

36. '해야 할 일' 목록 만들기 __ 50

37. 초콜릿 쿠키 굽기 __ 51

38. 명상법 연습 __ 52

39. 허그의 힘 __ 53

40. 새 신발 사기 __ 55

41. 생각만 해도 즐거워지는 명사 10개 __ 56

42. 따스한 햇볕 쬐기 __ 58

43. 미소 짓기 __ 59

44. 달콤한 낮잠 한숨 __ 60

45. 치열하게 브레인스토밍 __ 61

46. 건강검진 __ 62

47. 멘토 구하기 __ 63

48. 굿바이, 착한사람증후군 __ 64

49. 심야 데이트 감행 __ 65

50. 거품 목욕 해보기 __ 67

51. 비전보드 만들기 __68

52. 귀여운 동물의 동영상 시청하기 __69

53. 과일 디저트 타임 __70

54. 좋아하는 음악에 빠져보기 __72

55. 자원봉사 __73

56. 하루를 앞당겨 시작하기 __74

57. 문제가 아닌 기회로 생각하기 __75

58. 벽장에서 나오기 __76

59. 마음의 소리에 귀기울이기 __77

60. 헬스클럽에 등록 __79

61. 종이신문 끊기 __80

62. 좋은 향기로 기분전환 __81

63. 아이들과 무작정 놀아보기 __82

64. 스스로에게 상 주기 __83

65. 예산 짜기 __84

66. 단순하게 살아보기 __85

67. 혼자 노래 부르기 __86

68. 아침식사를 든든히 __87

69. 가끔은 화려하게 __88

70. 고무줄 튕겨보기 __90

71. 상황 파악이 먼저 __91

72. 마음먹고 책상정리 __93

73. 이기적이어도 괜찮아 __94

74. 한 번에 하나씩 __95

75. 신념의 위력 __96

76. 버리고 비우기 __99

77. 초콜릿을 우물우물 ___ 101
78. 반전 스위치 on ___ 102
79. 과거는 과거일 뿐 ___ 104
80. 무엇 vs 어떻게 ___ 106
81. 모두 잠든 후에 ___ 107
82. 남들 눈에 신경 끄기 ___ 108
83. 최악의 시나리오 가정하기 ___ 110
84. 걱정거리 적어보기 ___ 113
85. 집 안 곳곳을 청소 ___ 114
86. 생존가방 꾸리기 ___ 116
87. 결정장애여, 안녕 ___ 118
88. 네 마음을 보여줘 ___ 119
89. 교육 강좌 등록하기 ___ 120

90. 좋은 사람과 점심식사 ___ 121
91. 기꺼이 도움 받기 ___ 122
92. 과감하게 사표 던지기 ___ 123
93. 비타민 보충 ___ 124
94. 약속시간 엄수 ___ 125
95. 부단한 자기계발 ___ 126
96. 수입의 10퍼센트 적금 들기 ___ 127
97. 창의적으로 표현하기 ___ 128
98. 남 탓은 그만 ___ 130
99. 성적 쾌감을 만끽 ___ 131
100. 아무것도 안 하기 ___ 132

새로운 친구 만들기

입학 첫날, 뭘 했어? 아마도 새 친구들이랑 어울렸겠지. 입사
첫날에는? 새로운 동료들과 통성명을 했을 테고. 가족 모임에서는
오랜만에 반가운 친척들을 만났을 거야. 세상과 담쌓고 사는 게
아니라면 새로운 방식의 삶을 살짝 들여다보는 것만으로도 일상에
활력이 돼. 내가 좋아하는 게 뭘까? 세상에는 나 같은 사람 천지일
거야. 운동이나 사업, 놀이를 같이할 친구를 찾는 사람 말이야.
혼자일까 봐 지레 걱정할 필요 없잖아. 일단 밖으로 고고!

친구는 삶의 굴곡을 헤쳐나갈 수
있도록 도와줍니다.

2 잠시 눈감아보기

뭔가에 억눌린 기분이야? 한 번에 하나씩만 생각하는 것은 어때?
걱정거리를 조금 내려놓는 거지. 수만 가지 외부 자극으로 녹초가 됐다
싶으면 잠깐 눈은 감고 마음을 열어봐. 바깥세상일 따위 잊고 나만의 상상
속 영화를 틀어보라고. 코미디가 갑자기 비극이 되어가고 걱정이
밀려오면, 눈을 뜨고 깊~이 숨을 들이마셔. 머릿속으로 긍정적인 생각을
떠올리면서 다시 눈을 감고 꾸물꾸물 올라오는 불안을
꾸욱 눌러버리는 거야.

주의를 산만하게 하는
것들을 차단하고
걱정거리는 날려버리세요.

나는 믿음직한 사람

주위에 믿고 따르는 사람들이 많아? 아이들이나 조카, 가족, 친구,
학생, 어린 선수, 예술가, 사업가들 말이야. 모두 너를 존경하고
있어? 만약 그렇다면 너는 정말 믿을 만한 사람이야. 그들 앞에서
손톱을 물어뜯거나 두려움에 후들거릴 필요는 없어. 어떤 주제에
대해 남들보다 더 많이 알면, 그게 바로 전문가야. 그리고 힘을
갖게 되면 책임감이 뒤따르는 법, 뭐가 걱정이야?
걱정하지 않는 (아니면 걱정을 감쪽같이 감추고 있는) 네 모습을
보면서 주위 사람들은 너에게 신뢰를 느낄 거야. 그것이 타의
모범이 될 수 있는 너의 최고 자질 중 하나지.

걱정과 전투 중인 냉정한 군인처럼
본을 보여주세요.

4 경청하기

사람에게 귀가 둘이고 입이 하나 있는 건 말하는 것의
두 배로 들으라는 의미 아닐까? 어렸을 때 이모에게서
책갈피를 하나 선물 받았는데, 거기에 '경청은 사랑을
실천하는 것'이라고 적혀 있었어. 상대의 말에
귀기울이는 순간만큼은 자기 생각을 잠시 멈출 수밖에
없어. 그러다 보면 어느 틈에 걱정거리도 별거 아닌 게
되는 거지. 상대가 누구든 그 말을 귀담아들으면
공감하게 되고 서로의 관계도 돈독해진다고. 이건 또한
걱정을 줄일 수 있는 또 다른 방법이기도 해.

상대방의 말을 잘 듣고 있나요?
혹시 말할 차례만 기다리고 있는 건 아닌지요?

나만의 롤 모델 찾기

직접 조언해주고 도움을 주는 이가 멘토라면, 롤 모델은 그와는 좀

달라. 네가 롤 모델로 여기는 사람은 정작 자신이 누군가의 롤 모델인

줄도 모를걸. 존경하는 사람이 있어? 부러워하는 사람은 누군데?

누구를 따르고 누구에 대해 읽고 있어? 지구상에서 가장 유명한 인생

상담 코치인 토니 로빈슨Tony Robinson은 기본적으로 생각과 느낌,

행동을 그대로 따라 하고 싶은 사람이라는 의미에서 '롤 모델'의

힘을 믿고 있어. 따라 한다고 손해 볼 건 없잖아?

당신이 꿈꾸는 삶을 사는 사람은 누구입니까?

그들은 무슨 생각을 할까요?

어떤 행동을 하고요? 그들을 따라 해보세요.

티몬과 품바처럼, 하쿠나 마타타

스와힐리어로 하쿠나hakuna(없다)와 마타타matata(문제)가
합쳐진 하쿠나 마타타는 '문제없다' 또는 '걱정 없다'라는
뜻이야. 영화 〈라이언 킹〉에서 티몬과 품바는 이 두 단어가
모든 걱정을 해결해준다고 말했지. 믿기 힘들면 디즈니
클래식 영화를 한 편 (아니면 재탕이라도) 봐봐. 알아,
사소한 일로 진땀을 빼는 사람에게는 얼토당토않은 소리
같겠지만, 힘들고 괴로울 땐 이렇게 느긋하고 태평스러운
태도를 한번 취해보라고. 어떤 상황이든 보는 방법은
제각각일 수 있다는 걸 명심하고!

호주는 1978년에 국가의 모토를
'걱정 마세요'로 정했답니다.

자존심 버리고 용서 구하기

사람이라면 누구나 자기 말이나 행동(또는 하지 않은 말이나 행동)에 대해 면죄부를 받고 싶을 때가 있지. 미국의 유명한 영화배우 알 파치노는 영화 〈데블스 애드버킷〉에서 이런 말을 했어. "죄책감은 벽돌이 든 짐과 같아. 네가 할 일은 그 짐을 내려놓는 것뿐이야"라고. 고통을 계속 끌어안고 있을 이유가 있을까? 내 맘은 그게 아닌데, 사랑하는 사람을 상처 주고 힘들게 해서(안 그런 사람이 있어?) 매일 밤 못 자고 괴로워한다고? 그렇다면 지금이 바로 확실한 방법을 취할 때야. 자존심 따위는 버리고 전화기를 들어.

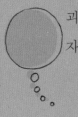

약한 사람은 용서하지 못합니다.
용서는 강한 자만의 전유물이거든요.

숨을 깊이 들이마심

찰리 브라운은 "새로운 철학을 개발했어. 난 오늘만 두려워할 거야"라고 말했어. 사람들은 보통 오지도 않은 미래나 지나간 일들 때문에 걱정해. 이러한 이중 딜레마를 해결할 방법은 복식 호흡이야. 코로 천천히 숨을 들이마신 뒤, 5초 동안 유지해. 그런 다음 다시 입으로 천천히 숨을 내쉬는 거야. 그리고 이것을 다시 한 번 반복하는데 왜냐하면 사람의 뇌와 신체는 수분만큼이나 산소도 필요하거든. 복잡한 마음을 차분히 가라앉히는 데는 복식 호흡만 한 게 없어.

마음이 차분해질수록 걱정은
줄어들게 마련입니다.

 # 보디가드 경비견 기르기

단짝이 되어주는 댕댕이는 날카로운 송곳니를 드러내며 도둑과 침입자도 막아줘. 그뿐이야? 나와 가족, 우리 재산까지도 보호해주지. 동반자이자 친구이기도 한 개들은 위험에 처했을 때 나를 위해 싸울 준비가 되어 있어. 이 작은 보디가드는 내가 사랑하는 사람을 위해서도 늘 경계태세를 늦추지 않아. 말 잘 듣고 순한 견종이라도 적에게는 무서운 위협이 될 거야(뭐, 날 지키려고 결사적으로 싸우지는 않더라도 말이지……).

 털북숭이 친구들의 이름을 지을 때는 유의해야 합니다. "복실아, 물어!"라고 할 땐 아무래도 악당들이 겁먹을 것 같진 않기 때문이죠.

10 잠을 푹 잘 것!

잠을 설치고 나면 기분이 어때? 숙면을 취하지 못하면 기억력, 체중,
전반적인 건강에 지대한 영향을 미쳐. 물론 나쁜 쪽으로 말이야!
미국 질병통제예방센터에 따르면 불면은 공중 보건에 큰 위협이 된대.
완전 꿀잠을 자면 뇌와 신체 기능이 향상되지. 그렇게 기능이 향상되면
걱정도 덜하게 돼. 걱정을 덜하게 되면 더 행복해져!! 그러면 사랑도 더
많이 하게 되고, 근육도 발달하고, 학습능력도 빨라지고, 건강해지는 거야.
이런, 어디에 서명하면 되지?

잘 시간이 지났습니다~

그냥 있는 그대로
받아들이기

뭐든 있는 그대로일 때가 가장 아름다워. 내가 바꾸고 싶다고
다른 사람이나 사물을 바꿀 수 있을까? 아마도 그렇게는 안 될걸.
그러니 그대로 두어야 해. 걱정은 내 생각대로 뭔가가
달라지기를 원할 때 생겨나(그리고 이건 달라질 거라 기대하는
것과는 달라). 본래 모습을 인정하지 못하는 데서 더 큰
스트레스와 근심, 걱정이 발생해. 있는 그대로의 모습을
받아들이는 것이 쉽지만은 않지만 그것이 행복과 깨달음,
만족과 평안을 얻는 길이야. 아마도 그게 네가 바라는 거겠지?

대부분의 걱정과 스트레스, 불행은
다르기를 바라는 데서 생겨납니다.

12 두려움과 맞서기

지난번 두려움에 직면했을 때 어떻게 했어? 스스로 '놀랄 거
없어'라고 도닥이지 않았어? 지금 이 글을 읽고 있다면, 넌
이겨낼 수 있어(그 두려움이 무엇이든 말야). 그래도 여전히
걱정은 되지? 내일 의사와의 면담, 해외 출장, 구직 면접,
회사에서의 프레젠테이션이 어떻게 될까 걱정하면서 잠 못
이룰 게 뻔해. 하지만 넌 분명 알고 있잖아. 침대 아래 숨어 있는
괴물을 상상하면서 이불을 뒤집어 쓴 채 벌벌 떠는 게 나을지,
아니면 손전등을 켜고 심호흡을 한 뒤, 악령들을 보이지 않는
무無의 세계로 쫓아버리는 게 더 나을지 말야.

정작 두려운 것은 두려움
바로 그 자체입니다.

우리가 유령을 무서워하는 만큼 침대 밑의 유령도 우리를 무서워합니다. 아니면 애초에 유령이 왜 침대 밑에 숨어 있겠어요? 감히 침대 위로 올라와 악! 하고 당신을 놀라게 하지도 못하잖아요. "덤빌 테면 덤벼봐" 하고 침대 밑을 슬쩍 들여다보는 겁니다 지금 당장요!

연설 또는 프레젠테이션을 하러 단상에 올라갈 때는 이런 상상을 해봅니다. 관중들이 모두 벌거벗고 있다는! 이 방법은 분명히 효과가 있을 거예요. 그렇지 않고서야, 긴장이 풀리고 절로 미소가 떠오르는 이 방법이 왜 유명하겠어요? 청중들 역시 당신이 성공하길 원하고 있답니다.

치과는 더 이상 두려움의 장소가 아닙니다. 당신도 여느 사람들처럼 검진 시기가 훨씬 지난 다음에야 치과를 찾겠지만, 치과엔 진정 요법이란 것이 있어요. 방법도 아주 다양하지요. 가령 재미있는 것을 좋아하는 사람에겐 '웃음 가스' 요법이 직방인 것처럼요!

구직 면접에 가기 전, 우선 면접 볼 회사와 면접관에 대해 충분히 알아봅니다. 그런 다음 당신을 닦달하면서 준비시켜줄 수 있는 친구나 사랑하는 이를 찾아보세요. 철저히 준비할수록 더욱 전문가다워 보이는 것은 당연지사. 면접에 붙을 거라는 확신을 갖고 밀고 나가는 겁니다. 손해 볼 건 없으니까요.

비행기 타는 게 무섭다는 거죠? 그러면 이 정보가 정말 도움이 되겠군요. 비행기야말로 세상에서 가장 안전한 이동 수단이라는 것 말입니다. 일단 마음의 안정을 찾으려면 음주는 금물입니다. 긴장을 완화해줄 천연 치료제들도 있으니까요. 다급히 어딘가를 가야 한다면, 이제 마음 놓고 비행기를 이용해보세요.

13

자연 속을
거닐기

가끔 야외에서 시간을 보내면 정말 기분이 좋아져. 자연은 단순하지.
삶이 단순해질수록 걱정도 줄어들게 마련이고. 걷는 것이 가장 쉬운
방법이긴 하지만, 하이킹이나 승마, 등산, 스키, 보드, 배도 좋고, 아니면
비행기로 세상을 두루 돌아다니는 건 어때? 때로는 신선한 공기만으로도
기분을 전환하기에 충분하니까. 다음 계절이 바뀌면 여행을 한 번 떠나봐.
꼭 야생일 필요는 없어. 봄날 도시 공원을 산책하면서 벚꽃 구경을 하는 것도
좋은 방법이야.

이 세상은 당신을 위해
마련된 정원이랍니다.

14

컴퓨터 끄기

'끄기' 버튼이 있는 데는 다 이유가 있어. 기억할지 모르겠지만,
초기의 컴퓨터는 단순한 수학 계산을 수행하기 위해 고안된 대형
계산기에 지나지 않았어. 아주 잠깐이라도 컴퓨터를 끄면 마음이
차분해질 거야(그러면 즐겨 찾는 소셜 미디어에 가장 잘 나온 셀카를
올리지 않더라도 조바심 나지는 않을 테고).

하루, 아니면 일주일만 플러그를 뽑아두자고요.
잠시 테크놀로지를 끊는 겁니다. 그것 없이도 좋았던
옛 시절을 떠올려보면서요.

느림의 미학

걱정거리가 있으면 사고와 느낌과 행동이 제한 속도를 벗어나게 돼. 이게 사람을 죽인다고. 그러니 속도를 줄여봐. 그렇게 급할 건 뭐야. 천천히 운전할수록 연료는 더 서서히 소모돼. 그리고 모두가 안전해지고 그때야 비로소 운전의 즐거움을 느끼게 된다고. 사생활에서도 같은 철학을 적용할 수 있을 거야. 그러니 마음을 가라앉히고 장미꽃 향기 정도는 맡을 여유를 가져봐.

 빠르게 달리면 넘어지게 마련이지요.

26

16

보험을 몇 개 들어두기

들어둔 보험이 많을수록 걱정도 줄어들 거야. 그렇지만 보험 판매원(그리고 이들이 파는 보험증권)은 지구상에서 가장 인기 없는 '것'이긴 해. 사람은 기본적으로 나쁜 일이 일어나리라고 확신하는 경향이 있어. 운이 따르지 않는다고 말하는 사람들도 있지. 특히 나이가 들수록 이러한 경향은 심해져. 하지만 모든 것은 네게 달렸어. 매달 붓는 보험료를 일생일대의 경험에 투자하는 것으로 생각한다면 그만한 가치가 있어.

재정적으로 든든해지면
마음의 부담을 줄일 수 있습니다.

17

뜨개질에 도전

할머니들이 뜨개질하는 이유가 있어. 마음을 안정시키고
생산적이기까지 한 뜨개질은 시간이 만들어내는 작품이야. 기능성도
있고 예쁘기도 하잖아. 포근한 양털실로 한 코 한 코 뜨다 보면
딱딱하게 굳은 신경과 근육도 스르르 풀릴걸. 뜨개질하는 이들은
뜨개질 전체 공정을 세 가지 단계로 간단히 설명해. 먼저 뜨개코를
만들고, 두 번째 행을 뜬 다음, 세 번째로 코를 감친다. 이런 과정은
치유 효과가 있어. 그뿐만 아니라 공처럼 동그란 실타래를 가지고
고양이처럼 놀이를 할 수도 있지. 야호!

뜨개질해서 나쁠 건 하나도 없답니다.

샐러드 만들어 먹기

'네가 먹는 음식이 곧 너다.' 어렸을 적부터 내내 들어온 말이야.
넌 치즈버거야? 아니면, 홍합과 감자? 아니면 파에야? '샐러드'가 되고
싶다고 생각한 적은 없어? 샐러드를 먹을 땐 정해진 규칙 같은 게 없어.
훈제 생선이든 치즈든 두부든, 아무거나 다 넣어도 돼. 드레싱은 원하는
걸로 해(동네 마트에 가면 다양한 맛의 드레싱을 팔아). 색다른 맛을
원하면 가늘게 채 썬 케일이나 브로콜리, 아니면 양배추를 넣어봐. 섬유질
섭취에도 도움이 될 거야. 의사를 멀리하고 싶다면 사과를 넣는 것 추천!

샐러드는 하나의 예술입니다.

19

호신술 배우기

해가 진 후 (아니면 대낮이라도) 밖에 나갈 때 신변안전이
걱정된다고? 걱정 뚝! 호신술을 배우면 돼. 남녀노소를
불문하고, 신체의 안전이 제일 중요하지. 걱정거리는
잠재워버리고 재미있게 놀아보자고!

허이? 얍!

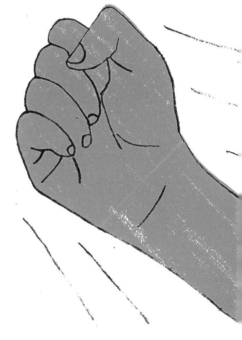

20 위임의 기술

시간 관리를 잘하는 비법이 뭔지 알아? 다른 사람에게 일을 넘겨주고 삶을 좀 단순화시키는 거야(그러면 생산성이 향상되고, 스트레스도 덜 받지. 그러면 결국 개인의 삶은 물론, 직장에서도 성공하게 될 거야). 다른 사람에게 효과적으로 일을 위임할수록 더욱 삶의 여유를 가질 수 있어. 아이를 키우거나 동료, 친구, 자원봉사자들과 원활한 관계를 가지려면 이 '위임'은 더욱 중요해. 이 '기술'만 익히면 무겁게 짓눌리던 어깨가 훨 가벼워지는 걸 보게 될걸.

이런 옛말이 있지.

'마음의 평화를 얻으려면 우주를 총 책임지려는 생각을 내려놓아라.'

여기에 한 마디 덧붙일까 해.

'위임이라는 방법을 통해'

 모든 일을 혼자 해치우려고 애쓸 필요는 없습니다!

제일 미운 사람 용서하기

절대 쉬운 일은 아니야. 네가 어떤 것을 믿든, 어떤 것을 듣든,
또는 어떤 것을 배우든. 용서는 모든 갈등이나 문제, 싸움,
걱정에 대한 답이라고들 해. 말은 쉽지만 실제 행하기는 정말
어려워. 특히 내가 용서할 수 있는 것 이상으로 상처 입었을
때는 더욱 그렇지. 증오는 독과 같은 것 아니겠어? 하지만
우리를 모욕한 사람들은 이 사실을 기억조차 못할걸. 그런데
뭐 하러 맘속에 불신과 분노, 분개, 수치심을 품고 다녀?
차라리 자기감정을 인정하고 타인에게 친절을 베푸는 게 훨씬
낫지 않을까.

"저들을 용서하여 주옵소서, 그들은 자기들이
하는 일을 알지 못하나이다." – 예수

매사에 감사하기

하와이 주술사들은 영어에서 가장 강력한 말이 '감사합니다'라고 믿는대. 주술사들이 행복과 성공과 걱정 없는 삶으로 가는 열쇠를 발견했다는 말은 아니야. 지구상의 모든 현자들은 삶의 선(그리고 악)에 감사하는 사람이 자유를 얻으리라고 말하고 있어. 모든 것을 있는 그대로 받아들이기는 어렵겠지만 그 많은 철학자들이 틀린 말을 할 리 없잖아? 때때로, 아니 매일 감사 표현을 하는 것이 뭐가 나빠?

감사하는 마음은 거의 모든 걱정을 해결해줍니다.

미래의 나에게
편지쓰기

네가 자랑스럽게 여기는 건 뭐야? 무서워하는 건 뭔데? 너한테
중요한 대상은? 지금부터 20년, 30년, 40년, 50년, 60년 후에 어떻게
될지 궁금해한 적은 없어? 미래의 나에게 편지를 써보는 것은
어떨까? (그리고 안전한 곳에 잠시 숨겨두는 거지) 그 편지에 삶과
야망, 열정, 동기, 관계, 지금 생활에 대한 전망 등을 적어서 말이야.

두려워하지 말고 미래로 나아가요.
지금 걱정거리들도 시간이 지나면 아주 사소한
일이 될 수 있습니다.

휴가계획 세우기

이보다 더 신나는 일이 있을까? 백팩을 메고 산이나 정글을
탐험하는 것도 좋고, 성지순례를 떠나보는 것도 좋아.
해먹에 몸을 맡기고 좋아하는 책을 읽으며 시간 보내기도
좋고. 아니면 바다에서 스쿠버 다이빙을 해보는 건 어떨까?
낚시나 사냥 대회에 나가보거나 뒷마당에 텐트를 치는 것도
좋겠다. 이렇게 여유 있게 시간을 보내다 보면 마치 끓는
물의 설탕처럼 걱정이 녹아버릴 거야. 물론 2주도 짧게
느껴지겠지만.

휴가 안 갈 겁니까? 이 책을 읽고 있다면
말할 것도 없겠네요. 지금 당장 항공권을
예약하세요.

지금 누리는 것들에 감사

걸을 수 있어? 말할 수 있지? 눈, 귀, 팔다리는 멀쩡하고? 손가락,
발가락도 열 개 다 있지? 친구와 가족은? 냉장고에 음식은? 따뜻하게
입을 수 있는 옷은? 직장은? 삶의 대안은? 지금 얼마나 많은 것을
소유하고 있는지를 잊어버리기란 정말 쉬워. 특히 자신에게 부족한 것을
걱정할 때는 그렇지. 없는 것에만 집중하게 되니까. 그런데 그거 알아?
세상에는 너보다 못한 사람이 수십억 명은 된다는 걸 말야. 이런
불평등을 생각하면 더더욱 우울해질 테니 지금 누리는 것들에 감사하고
내가 가진 것을 남들과 어떻게 나눌지 생각해. 때로는 이런 생각만으로
모든 걱정이 사라질 수 있어.

축복을 빌어주면
당신이 축복 자체가 될 것입니다.

걱정하며 보내는
시간은 휴지통에

걱정도 바이러스처럼 전염성이 있어. 왜 자기 자신을 죽이는 벌레에

스스로를 노출하려는 거야? 험담, 고자질, 배신, 불평, 부정적인

마음은 더욱더 우울하게 만들 뿐이야. 세상에서 누가 부정적인 사람을

좋아하겠어? 걱정만 한보따리인 사람과 보내는 시간을 줄일수록

걱정은 더욱더 줄어들 거야. 좀 더 밝고 긍정적인 사람들과 어울려봐.

그런 사람들은 언제나 새로운 사람을 맞을 준비가 돼 있으니 두 팔

벌려 널 환영할 거야.

당신은 당신과 가장 많은 시간을 보내는
다섯 사람의 평균입니다.

27 진심 어린 비판
수용하기

남을 헐뜯는 사람은 그저 헐뜯는 게 일이지. 남을 기다리는 사람은 언제나 기다릴 뿐이고, 감자는 결국 감자 아니겠어? 스스로가 생각하는 내 모습은 남들이 보는 나와는 매우 다를 거야(그리고 진짜 내 모습과도 다르겠지). 그러니 나와 내 소중한 삶에 대해 건설적인 비판을 요청하고, 이것을 뼈아프지만 담담히 받아들여 보자고.

조언: 사실이 아니라고 막무가내로 부정할수록, 그것을 받아들임으로써 얻는 혜택은 더 클 거야. 상담사가 소위 너의 '아킬레스건'이라고 부르는 것을 받아들이는 거지. 다시 말하지만, 자기 자신을 더 많이 알수록 걱정을 덜하게 될 거야.

(종종 듣는 말일 테지만) 완벽한 사람은 없습니다.
진심 어린 비판이라면 받아들여보세요.

28 영감을 주든, 시시하든, 독서를

마음을 활짝 열고 상상력을 펼쳐보자. 주의를 딴 데로
돌리면 걱정이 없어져. 선정적인 연애소설을
좋아하든, 자극적인 자기계발서를 좋아하든, 책은 네
손안에 든 꿈이야. 꿈꾸는 동안은 걱정도 사라지지.
숱한 사람들이 이미 경험했던 바야. 싸우기도
하고, 걱정도 하고, 기타 등등의 것들이
스트레스였을 거야(이건 빙산의 일각이지).
그렇지만 독서를 통해 모든 걱정에서 벗어나고
초월할 수 있어. 펜은 그 어떤 검보다
강하니까 말이야.

책을 읽지 않으면 그
무엇도 당신을 도와줄 수
없습니다.

29

절친에게
전화걸기

미국의 유명한 가수 스티비 원더는 〈I just called to say I love you 그냥 사랑한다고 말하려고 전화했어요〉라고 노래했지. 누구든 절친 하나씩은 있지 않을까. 고등학교 시절 아무리 지질하고 괴짜였다 해도 친한 친구는 있게 마련이라고(그 친구 역시 그다지 인기는 없었겠지만). 절친이란 게 뭐야? 가장 필요할 때 곁에 있어 주는 거잖아. 그 친구가 새벽 3시에 전화 걸어 하소연을 늘어놓는다고 쳐. 그걸 문제 삼을 네가 아니잖아. 그러니 심각한 걱정거리가 있다면 전화를 걸어. 서로 절친이 된 데는 다 이유가 있는 법이야.

 가장 친한 친구는 당신에게서
최고의 모습을 이끌어내 줄 거예요.

반려견과 산책

네가 사료 값을 버느라 밖에서 열심히 일하는 동안 반려견은
집에서 내내 혼자 있겠지. 그런데 강아지는 밖에 나가서
뛰어놀고 다른 개들의 냄새도 맡고, 주인이랑 산책하고 싶어
할 거야. 그러니 퇴근해서 집에 오면 데리고 산책을 나가봐.
집 근처에서만 어정대지 말고 동네를 한 바퀴 도는 거지.
애완동물의 사회생활에 관심을 더 갖게 될수록 걱정도
줄어든다고.

나가서 바람 좀 쐬고 오는 겁니다.
운동은 걱정을 날려버리거든요.

31

코미디 보며 깔깔깔

웃음은 스트레스 호르몬인 코르티솔을 줄여줘. 즉 더 많이 웃을수록
걱정을 덜하게 된다는 뜻이야. 요즘엔 무료 케이블 채널이나 구독
채널을 통해 정말 많은 코미디쇼를 볼 수 있잖아. 또 라디오쇼,
팟캐스트, 동영상들도 넘쳐. 물론 내 취향이 아닌 것도 있겠지만
그중 어떤 건 정말 웃겨. 방바닥을 구르며 깔깔대고 웃다가 눈물이
날 정도로 재밌다고!

 웃음은 최고의 약입니다!

32

일중독에서 벗어나기

8시간 근무하는 직장인 대부분이 정작 일하는 시간은 4시간
정도에 불과하대. 아무래도 동료와의 잡담, 개인 이메일
확인, 소셜 미디어 중독, 일보다 더 급한 약속 등등의 이유
때문이겠지. 일을 더 적게 할 방법은 없을까? 파트타임으로
일하는 건 어떨까? 일 때문에 몸이 망가지거나 스트레스로
피폐해지지 않아도 되잖아. 삶을 더 단순화한다면, 다른
사람을 위해 일을 덜하는 대신 자기 자신을 위해 더 많이
일할 수 있어. 맘에 안 들어? 그럼 말고.

일을 덜할수록 제대로 된 삶을 찾을 기회는 많아집니다.
제대로 된 삶을 살게 되면 걱정을 덜하게 되지요.

손 세정제 써보기

세균은 질병이나 부패를 일으키는 (으으, 둘 다 싫어) 미생물이야. 손을 씻기 어려울 때는 손 세정제를 써도 돼. 세정제라 해서 농약과 같은 유해 화학물질까지 제거해주진 않아. 또 뱃속이 아무리 더럽고 오염된 듯싶어도 절대로 먹어서는 안 되고. 손 세정제를 손에 짜 비비면 즉시 증발하잖아. 더불어 청결 문제로 인한 모든 걱정도 같이 날아갈 거야.

소심한 걱정쟁이에겐 손 세정제가 약입니다.

34

맛있게 물 한잔을

요즘 다들 텀블러 하나쯤은 갖고 다니지? 다 이유가 있을 거야. 알다시피
우리 몸은 60퍼센트가 물이야. 몸이 균형을 유지하고 제대로 작동하기
위해서는 수분을 정기적으로 보충해줘야 해. 전문가들 말이 갈증이
느껴질 때는 이미 몸은 탈수 상태라잖아. 커피나 주류, 과일 주스는 (물을
함유하지만) 물을 대체할 수 없어. 더 깨끗한 피부, 활력 넘치는 에너지,
피로 회복, 걱정 덜기를 원해? '그렇다'라면 물은 청춘의 샘이야.

물은 걱정으로 인한
두통을 없애줍니다.

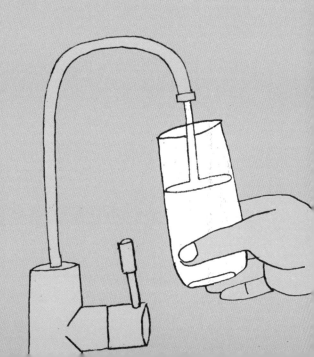

35

복권 구입

음료를 마시는 것처럼, 복권을 사면 잠시 걱정에서 벗어날 수 있어.
복권 당첨으로 모든 걱정을 해소하고 싶다는 갈망에 사로잡혀
있다면, 너무 흥분하기 전에 알아둘 것이 있어. 지금 네가
불행하다면 로또 횡재를 맞는다 해도 달라질 건 아무것도 없어. 가진
것이 많을수록 잃을 것이 많다고 하잖아. 마찬가지로 뜻밖에 거금이
생겼다 쳐. 그 스트레스도 정말 만만치 않아. 하지만 임시변통으로
저렴한 복권을 사보는 것쯤은 나쁘지 않아. 걱정을 덜 수 있는
재미있는 방법이 될 수 있으니까. 다만 모든 것을 균형 있게
유지하도록 노력하자고, 오케이?

 <u>대신 당신 자신에 배팅해보는 것은 어떨까요?</u>

36

'해야 할 일' 목록 만들기

'해야 할 일' 목록은 극히 개인적인 일이라서, 적어두고도 마음
내키는 대로 지키거나 어길 수 있어 (다른 사람이 알 필요가 없지).
요점은 아이디어·생각·걱정을 쓰고 하루/한 주/한 달/일 년/평생
동안 이루고 싶은 목표를 한눈에 확인하는 거야. '해야 할 일' 목록에
적힌 항목을 실제로 행하면서 하나하나 지워 가면 걱정도 하나씩
지워지게 돼. 마지막으로 효율성 전문가들은 목록을 만들어 삶을
체계적이고 생산적이며 효율적으로 유지하라고 조언하고 있어.
너는 어떻게 생각해?

이제 더 이상 말은 그만, 행동 시~작!

37 초콜릿 쿠기굽기

밀가루, 베이킹소다, 소금, 버터, 설탕, 달걀, 바닐라, 초콜릿 칩, 쿠키 시트,
믹싱 볼, 핸드 믹서, 주걱, 나무 숟가락을 준비해. 그런 다음 오븐을
예열해야지. 각 재료의 정량을 재서 쿠키를 만드는 거야. 30분 후 쿠키가
완성되고, 따뜻한 초콜릿 칩 쿠키를 한입 베어 물면 행복감이 입안에 퍼질
거야. 정신과 진료 약속쯤은 취소하고 싶어질걸. 쿠키는 그 어떤 항불안제보다
강력하니까. 쿠키를 구우면서 맛 좋은 반죽 속으로 걱정을 날려버릴 수 있어.

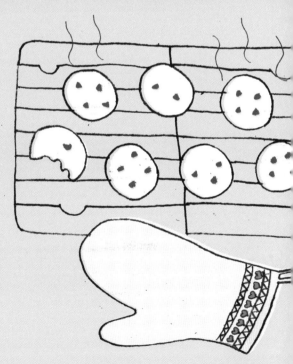

건포도, 커런츠, 크랜베리,
견과류, 오트밀, 코코넛, 아마,
헴프씨드는 빼고 굽습니다.
그래야 초콜릿 칩 쿠키의 맛을
오롯이 즐길 수 있답니다.

명상법 연습

규칙적으로 명상을 하다 보면, 두 개의 장소가 하나가 되는 것을 볼 수 있어. 거기는 걱정이 존재하지 않는 곳이지. 요가 전문가들은 이것을 '이원성'이라 불러. 이 이원성을 경험하고 나면 심리적으로뿐만 아니라 생리학적으로도 엄청난 변화가 나타날 수 있대. 깊은 호흡, 만트라, 스트레칭, 요가는 의식을 확장한다고 알려져 있어. 그런데 의식 확장은 왜 중요할까? 애초에 내가 왜 존재하는지를 가장 가깝게 이해하는 과정이 자기 인식이기 때문이야.

내면의 평화. 그것 말고 무얼 더 원하십니까?
(초콜릿 칩 쿠키는 빼고요^^)

허그의 힘

200년 전, 11세 아이가 숲에서 살다가 발견됐어. 아이는
심리학적으로나 생리학적으로 바보나 마찬가지였어. 정신과 의사는
이 아이가 인간과 전혀 접촉한 적 없이 자란 것 같다고 했지.
스트레스를 줄이고 싶다면 누군가를 안아봐. 포옹은 안전하다,
신뢰한다는 신호를 주고 감정에 강력한 효과를 미쳐. 포옹을 많이
할수록 더욱 사랑받고 있다고 느낄 거야.

하루에 네 번은 생존을 위해,
여덟 번은 유지를 위해,
열두 번은 성장을 위해
포옹해보세요.

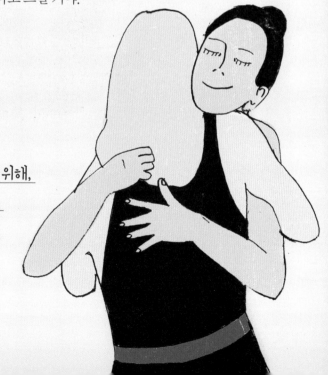

새 신발 사기

여성들은 평균 20켤레의 신발을 갖고 있다고 해. 물론 이보다
더 많을 수도, 더 적을 수도 있어(여성들은 뭔가를 알아). 발이
행복하면 삶도 행복해져(그러면 걱정은 줄어들겠지). 예를
들어 하이힐은 은유적으로 '높은 지위'라는 의미를 담고 있어.
아마 발 패티시에 대한 과학적·유전자적·진화론적 이유가
있을 거야. 새 구두는 부자가 된 듯한 느낌을 주지.
임시방편이긴 하지만 자고로 무수한 영적 지도자들이 말하지
않았어? "지금 여기에 존재하라"라고 말이야.

신발은 아무리 많아도 부족하지만요. ㅋ

41

생각만 해도 즐거워지는
명사 10개

어떤 사람이나 장소나 사물이 널 힘들게 해? 그렇다면 이를
반대로 활용해보면 어떨까. 살면서 가장 좋아하는 사람, 장소,
사물의 목록을 만들어보는 거야. 그러면 문제를 해결할 수
있지 않을까? '어떻게 문제를 해결할까'에만 몰두하지 말고
예전에 가장 즐겁고 신났던 경험을 떠올리는 거야. 그럼
새로운 생각과 행동과 감정이 마음속에 일게 되지. 살면서
경험했던 로맨스, 사랑, 행복의 불꽃을 다시 피워봐. 어느새
걱정의 잔해를 탈탈 털고 일어설 수 있을 거야.

이러한 행동이 마음속에 기쁨의
열정을 불붙일 것입니다. 걱정일랑
쫓아내버리세요.

'고등학교 때 친구야말로 역시 최고의 친구'란 생각이 들면, 그들과 다시 연락할
(아니면 왜 친구인지를 확인할) 시간입니다. 동창회라도 소집해서
과거의 즐겁던(아니면 힘겨웠던) 시간으로 다시 돌아갈 기회를 만들어보세요.
(단, 불미스러운 일이 발생하더라도 책임감 있는 성인들이니 어찌 행동할지
유의하시고!)

젊었을 때 유럽이나 미국을 돌았던 배낭여행이 인생 최고의 기억이 아닐까요. 제약도
한계도 억압도 없이 자유롭게 맘껏 세계를 탐험하고 맛볼 수 있었으니까. 그런 모험심이
그립지 않나요? 자유로움이 간절하지 않습니까? 아무 편견 없이 세상을 볼 수 있던 그런
시절 말입니다. 새로운 아이디어와 변화, 즉흥성은 중독성이 있죠. 어떻게 하면 그런
열정을 생산적이고 창의적인 방식으로 다시 불태울 수 있을까요?

어렸을 때 가장 좋아한 장난감은 뭐였나요. 그게 왜 그렇게 좋았을까요?
꿈은 무엇이었습니까. 어떤 사람이 되고 싶었는지요? 일부 아동 심리학자에 따르면,
놀이 치료법이 매우 효과적이랍니다. 아무리 끔찍한 일이나 나쁜 일, 스트레스를 겪는다
해도, 어렸을 때 (아니면 청소년기) 즐거운 기억을 떠올리면 자기가 얼마나 안전하게
보호받고 사랑받고 가치를 인정받는지 깨닫게 된다 합니다. 만사가 너무 고단할 때 또는
불안하고 심리적으로 위축될 때, 평화와 안정감을 가져오는 사람과 장소와 사물에 대한
목록을 만들어보세요. 그러면 모든 걱정이 영원히 사라질지도 모릅니다.

42 따스한 햇볕 쬐기

지금까지 걱정을 떨쳐버리는 갖가지 방법을 소개했어. 근데 그거 알아? 웃기, 미소 짓기,
물 마시기, 잠자기, 포옹하기, 재미있는 것 보기, 노래 부르기, 좋아하는 음악 듣기 등도
태양이 없다면 아무 소용이 없다는 것 말이야. 잠시 걸음을 멈추고 햇살을 받아봐. 해가
없다면 아무것도 볼 수 없어. 색도 없고 빛도 사라진다고. 모든 것이 차갑게 식어버릴
거야. 주변은 깜깜하게 변하고 으스스해지지. 태양이 없다면 다들 정신이상이 되고
말걸. 건강과 행복이 슬슬 걱정된다면 비타민 D를 복용하는 것도 큰 도움이 돼. 특히
북반구에 사는 친구들이라면 더욱더.

햇볕은 콜레스테롤을 줄여줍니다.
당연히 먹는 것에 대한 걱정도 덜어주고요.
일종의 보너스랄까요?

43 미소 짓기

행복할 때 걱정하는 사람이 있을까? 당연히 없어.
미소를 짓거나 웃을 때 또는 즐거울 때, 뇌는 행복
호르몬을 방출하고 몸 구석구석으로 보내. 모든 것이
잘될 거라는 신호를 전달하는 거지. 연구에 따르면,
일부러 미소 짓는 것도 현재 행복하다고 착각하게끔 뇌를
속일 수 있대. 게다가 웃을 때 쓰는 근육은 찡그릴 때
쓰는 근육보다 적다고 하잖아. 걱정을 쫓아버리기에
이보다 더 간단한 방법이 또 있을까? 세상에 공짜만큼
좋은 게 없다는데, 넌 이미 그걸 알고 있는 거잖아.

웃을 때마다 뇌에선 행복 파티가 열립니다.

44

달콤한
낮잠 한숨

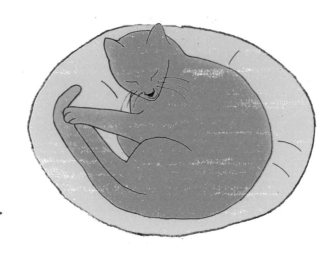

토막잠은 밤잠과는 달라. 30분쯤의 꿀잠이 몸의 균형을 회복시켜줘.

마치 햇병아리처럼 동료나 가족, 친구들과 활기차게 지낼 수 있다고.

불면증이나 자도 자도 피곤할 때는 낮잠이 바로 해결책이야.

복식호흡이나 명상 중에 잠드는 사람이 많다던데, 그건 극히 정상적인

거래. 요점은 긴장을 푼다는 거야. 잠을 자든, 몸과 마음을 진정시키든,

잠깐이라도 휴식을 취하면 활기를 되찾을 수 있어.

기억력이 감소할까 봐 걱정인가요?
낮잠이 기억력을 되살려줄 수 있어요.

치열하게 브레인스토밍

서양 속담에 '고양이 가죽을 벗기는 법은 여러 가지'라는 말이 있어.
정말 사랑스러운 동물인데 왜 그런 표현이 생겼는지 모르겠지만, 문제 해결
방식은 여러 가지라는 의미겠지. 걱정의 늪에 빠져 허우적거릴 때는, 노트를
꺼내 해결책이 뭔지 차근차근 적어봐. 사람에게는 불가사의한 초능력이
있다고들 하잖아(즉, 무슨 일에든 다양한 옵션이 존재한다는 거야). 그러니
좀 더 창의적인 방향으로 생각해보고 문제를 풀어가는 것은 어때?

참고: 이 책에서 제시하는 방법 중 최고라는 것만 알아 둬.

문제를 해결할 때는 전후좌우로 살펴보십시오.
당신은 할 수 있어요!

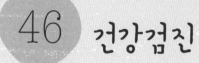

46 건강검진

딱히 건강염려증이 아니라 해도 건강에 대한
불안은 정말 골칫거리가 아닐 수 없어. 건강검진을
받은 지 오래됐다면 크게 심호흡한 후 전화기를
들고 예약 날짜를 잡아. 필요하다면 친구나 가족에게
좋은 병원을 추천해달라고 부탁해. 건강보험이 없다면
적당한 금액을 투자하는 셈 치고 보험을 드는 거야. 몸과
마음의 건강을 잃으면 모든 것을 다 잃는 거나
마찬가지라고. 아무리 감정적·물질적·
영적으로 충만하다 하더라도 건강이
받쳐주지 않으면 다 무슨
소용이야?

병원 대기실만큼 그동안
밀렸던 책을 보기에 좋은
장소는 없답니다.

47

멘토 구하기

목적을 달성하도록 돕는 사람을 멘토라고 해. 멘토는 너를 계속
지지하고 용기를 주지. 자존감과 자신감이 생기면 그 무엇이라도
해낼 힘이 생겨. 멘토는 세세한 여정과 과정을 큰 그림으로 그리고,
해당 분야나 업계에서 얻은 경험과 전문성을 나눠줄 거야. 나보다
앞서 같은 길을 걸었던 사람이니 위험을 감수하도록 도전 의식을
북돋우고, 이전에는 생각조차 못했던 문제에 해결책을 제시해줄 수
있지. 효과적으로 목표를 달성하려 한다면, 지혜로운 멘토를 찾는
것보다 더 좋은 (또는 빠른) 방법은 없어.

<u>나보다 앞서 같은 길을 걸었던 사람에게
물어보는 겁니다.</u>

굿바이, 착한사람증후군

주위 사람들 모두를 기쁘게 하려고 무리하게 애쓰는 건 아닌지?
그러려니 얼마나 힘들겠어. 사람은 누구나 자기에게 주어진 인생을 살게
마련이야. 결국엔 자기 인생이니까. 모두의 입맛에 맞추고 모두를 즐겁게
하려고 애쓴다면 (숭고한 노력이긴 한데 결국 이뤄지지 못해) 언제나
힘겹다고 느껴질 거야. 대신 자신에게 가장 중요한 것에 우선순위를 두기
시작하면, 오히려 그때부터 존중과 인정을 받게 될걸. 남들 치다꺼리만
하면서 자기 가치를 격하시키는 한, 스스로는 점점 더 불행해질 거야.
이젠 바꿔야 해.

'난 너무 착해서 병이야'라고 생각한다면,
오버하지 말고 그냥 중간만 유지하세요.
제발 단호해지자고요!

49

심야 데이트 감행

울화, 근심, 스트레스가 죄다 '그 넘' 탓이라는 생각이 들 때가 있지.
그런데 그런 상황을 역전시킬 수 있어. 요점은 자신의 본모습을 보이라는
거야. 긴장을 풀고 재미있는 시간을 구상해봐. 애인 또는 배우자가
연인이 아니라 그저 룸메이트처럼 보인다면 심야 데이트를 감행할 때가
됐어. 두 사람은 어떻게 만났어? 그때 감정은 어땠는데? 데이트 장소는
어디였고, 상대의 무엇에 끌렸던 걸까? 사랑과 설렘을 다시 불붙일
시간이야. 누가 알아? 무슨 일이 벌어질지…….

▐▐▐▐▶

연애 감정에 다시 불붙이고 관계를 되살려보는 겁니다.
그러면 걱정도 사라질 거예요.

거품 목욕 해보기

〈세서미 스트리트〉의 어니는 "러버 덕아, 네가 좋아. 내 삶을 즐겁게
해주네. 러버 덕아, 네가 정말 좋아"라며 노래를 부르지. 시간을 내어
거품 목욕을 해봐. 참, 목욕을 함께할 친구도 골라야지. 향초나
목욕용 소금, 애청하는 음악, 한 잔의 와인, 좋아하는 칵테일은 어때?
그렇다고 손가락이 불어 쪼글쪼글해질 때까진 있지 말고.

목욕과 함께 걱정을 씻어버려요.

비전보드 만들기

자기계발 전문가인 샤크티 가와인은 '비전보드'를 만들어보라고
조언했어. 일종의 보물지도 같은 거지. 자신이 가야 할 길을 스스로
만들고, 원하는 목표를 이루면 보상을 받는 거야. 내면의 생각과 소망,
목표를 반영하는 이미지, 단어, 색상, 패턴, 기호를 정리해가는 과정은
치유 효과가 있어. 또한 무의식 속 욕망을 발견하는 방법이기도 해. 앞에
놓인 캔버스에 무엇을 잘라 붙일지 상상해봐. 아마 깜짝 놀라게 될걸?
예술적인 소양이 젬병이라 해도 비전보드를 만들어 나가는 것은 정말
재미있어. 규칙도 없고 말야!

일단 가위, 헌 잡지, 포스터보드, 풀을 챙깁니다.
이제 비전보드 만들기를 시작해요.

52 귀여운 동물의 동영상 시청하기

요새는 온라인을 통해 수많은 (그리고 아주 다양한) 동영상을 볼 수
있어. 아기나 십대, 동물을 주제로 한 동영상을 보면 기분도 좋아지고
마음이 따뜻해지곤 하지. 피아노 치는 코끼리부터 춤추는 햄스터까지,
카메라에 잡힌 동물들의 귀엽고 사랑스러운 모습에 흠뻑 빠져들고
말 거야. 걱정을 싹 없애버리고 싶은데 뾰족한 방법이 없다 싶으면,
가장 즐겨 찾는 검색엔진에서 동물들을 찾아봐.
귀여운 기기에 갇혀 있는 동물들을 눈이 아파
더 이상 볼 수 없을 때까지 찾다 보면 어느새
걱정은 씻은 듯이 사라져버릴걸?

 오옷······

과일 디저트 타임

과일은 당과 칼로리 덩어리지만 비타민, 미네랄 등 영양도 풍부하고
항산화 기능도 갖고 있어. 그래서 1차 방어선이 되어준다고. 그보다 더
중요한 사실이 뭔지 알아? 과일을 많이 먹으면 정크 푸드를 줄일 수
있다는 거지. 운 좋게 뒷마당이나 이웃집에 열린 열매를 직접 따먹을
수 있다면, 그보다 더 좋을 수는 없을 거야. 단, 난쟁이들이 일하러
나갔을 때 집 앞에 낯선 이가 놓아둔 독이 든 사과는 조심해야 해!

신념은 좋은 열매를 맺습니다.
걱정은 썩은 열매를 맺고요.

좋아하는 음악에 빠져보기

이 세상의 만물은 빛과 소리로 되어 있어. 그러니 음악(소리)은 모든 만물의 절반을 차지한다고 해도 과언이 아니지. 초능력을 갖고 싶다면 좋아하는 음악을 들어봐. 그러면 마법처럼 걱정이 사라질 거야.

좋아하는 록 음악이나 복음 찬송가를 큰 소리로 따라 부르다 보면 적어도 기분전환은 되잖아. 내 문제를 새로운 시각에서 볼 수 있기에 충분한 시간이기도 하고. 아니면 실제로 삶에서 긍정적인 변화를 꾀하는 데 도움이 될 수도 있고. 음악은 마법이야.

 음악은 정신건강에 도움이 됩니다.
좋아하는 음악을 들어보세요.

55

자원봉사

걱정은 대부분 자기 자신에서 비롯돼. 걱정이란 놈이 정신을 물어뜯는다
싶으면, 가슴을 옭죄어오는 체기에 신경 쓰는 대신 네 시간과 돈, 에너지로
남을 도울 방법을 고민해야 할 때야. 다른 사람이 더 나은 삶을 살도록
도와주는 것이야말로 걱정거리를 잠재울 수 있는 최고의 방법이야.
이웃이나 공동체의 개선을 위해 재능과 자원을 나누는 방법은 수도 없이
많아. 네가 잘하는 게 뭐야? 누구랑 시간을 보내는 게 가장 즐거워?
무엇을 나눌 수 있을까? 한번 생각해봐.

새로운 친구를 만나고,
커리어를 쌓고,
더 많이 포옹해보세요(53페이지 참조).

56 하루를 앞당겨 시작하기

띠리리링! 띠리리링! 띠리리링!(네 알람 소리는 어때?) 울리는
소리가 방해되지 않는다면, 새벽에 일어나 하루를 일찍 시작해봐.
걱정이 사라지는 기적을 맛보게 될 거야. 오랫동안 (또는 전혀)
일출을 보지 못했다면, 해 뜨기 전에 일어나기도 좋아. 하루 동안
얼마나 많은 일을 달성할 수 있는지 알게 되면(불행한 생각이나
걱정을 줄여주는 비밀 열쇠가 성취나 달성이라는 의미는
아니지만) 정말 깜짝 놀랄걸? 오후 3시 무렵이면 아침 10시에
있었던 일이 어제처럼 느껴질 거야.

일찍 일어나는 새가
벌레를 잡는다는 말, 아시죠?

57

문제가 아닌
기회로 생각하기

걱정거리 중 90퍼센트는 절대 일어나지 않아. 좀 안심이 돼? 잠시 시간을 내서
그동안의 삶을 돌아봐. 그동안 얼마나 나쁜 일이 많이 일어났는지. 거의 없어,
그렇지? 너는 여전히 여기에 있고 만사가 비교적 잘 되어가는 중이야. 가끔
걱정거리가 토네이도처럼 몰아칠 때면 스스로에게 묻는 거야. '이 어두운 구름
주위의 밝은 빛은 뭘까?'라고. 잠시 생각해보면 모든 축복은 불행을 가장하고
있다는 사실을 알게 될걸. 이미 '문제'들이 힌트를 주고 있잖아.

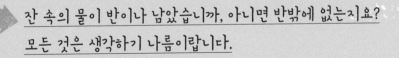

잔 속의 물이 반이나 남았습니까, 아니면 반밖에 없는지요?
모든 것은 생각하기 나름이랍니다.

58

벽장에서 나오기

커밍아웃하려고 게이가 될 필요는 없어. 하지만 진짜 게이라면, 그래서
내 내면과 외면이 '노출'된다는 생각만 해도 온몸이 마비되는 것 같겠지.
두려움과 걱정에 말이야. 그러나 적어도 가장 친한 친구에게는 진실을
보여줄 필요가 있지 않을까(어쩌면 친구는 벌써 알고 있는지도 모르지).
게이는 아니지만 네가 방구석이나 집 안, 아파트에 숨어서 나가기를
꺼린다면, 밖으로 나와 다이아몬드처럼 빛나는 네 자신과 만나볼 용기를
가졌으면 좋겠어. 세상이 적대적일지, 아니면 우호적일지는 네 결정에
달렸거든.

당신은 아름답습니다.

59

마음의 소리에 귀기울이기

그 누구도 네가 자신에게 말하는 것처럼 말해주지 않아. 그런데 왜
스스로를 질책하고 하찮게 여기는 거지? 자신의 동기와 선택,
걱정거리에 귀기울이고 곰곰이 생각해보면, 여덟 살짜리 자아가
내 얘기를 들어달라고, 놀아달라고, 사랑해달라고 애원하는 소리를
들을 수 있을 거야. 그런데 우린 이런저런 이유로 우리가 가장
원하는 것을 무시하고 천대하고 배제하지. 우리에게 즐거움을
가져다주는 연결고리를 말이야.

마음속의 소리를 잘 듣고
그 말에 친절하게 응대해보세요.

헬스클럽에 등록

더 이상 옷이 몸에 안 맞고 늘어나는 허리둘레가 걱정된다면, 헬스클럽에 등록할 때가 됐어. 아직 싱글이야? 헬스클럽은 특별한 누군가를 만나게 될 멋진 장소잖아(어떤 면에서는 활발한 연애 장소라고나 할까). 헬스클럽이 적성에 맞는다고 생각되면 2월까지는(거의 90퍼센트가 새해 결심을 하고 신입 회원으로 등록하는 때거든) 꼭 붙어 있자고. 그리고 그때쯤이면 슬슬 결과가 나타날 거야. 귀찮다고? 헬스클럽까지 운전해서 가면 되지. 걱정하지 마, 다들 그러니까.

비용 면에서 개인 트레이너(PT)는
이혼 소송 변호사보다 쌉니다.

61

종이신문 끊기

이상하게 사람들은 갈등이나 고통, 논란거리 등에 마음이 끌려.
만약 그렇지 않았다면 신문 산업은 지금까지 존재하지 못했을 거야.
물론 신문에 좋은 뉴스도 많지만, 보통은 나쁜 뉴스에 가려지는
경우가 많지. 삶의 드라마에 민감한 편이거나 나쁜 뉴스에
감정적으로 상처받는 성격이라면, 신문을 끊어보는 건 어때?

공포, 극적 상황, 재앙이 헤드라인을 뒤덮지만,
걱정할 필요는 없습니다.

62 좋은 향기로 기분전환

걱정은 건강에 이런저런 문제를 일으키곤 해.

방향제 여러 가지를 실험한 병원에 따르면, 간호사 근무실에

두었던 자몽의 신선하고 상쾌한 향이 피로와 스트레스,

탈진을 줄여주더라는 거야. 사실 어떤 방향제든 좋은 향기가

분위기를 환기시키고 기분을 밝게 해준다고 하네. 게다가

자몽 향은 체중 감소 효과까지 있대! 그러니 걱정거리는

방향제에 실어 날려버리고, 인생에서도 긍정적인 선택을

해나가길 바라.

 인간은 무려 1조 가지의 향을
구분할 수 있다고 합니다.
가장 좋아하는 향을 골라보세요.

아이들과 무작정 놀아보기

아이들이 과연 천국에서 온 천사인지, 아니면 지옥에서 보내온 악마인지 헷갈릴 때가 있지. 하지만 우리 안에도 선과 악은 공존하니까. 이 작은 생명체들은 본능에 가깝게 행동할 뿐, 성인들만큼 사회에 물들거나 동화되진 않았어. 아이들과 놀다 보면 다시 젊어지는 것을 느낄 수 있어(이미 알고 있는 사실이지만). 내 아이가 없다면, 조카들이나 친구의 아이와 놀아봐. 새로운 관점으로 세상을 볼 수 있다는 장점 외에도, 나에 대한 새로운 사실도 발견할 수 있을 거야.

나이 드는 게 걱정스럽습니까?
내면의 어린아이를 불러내 아무 걱정 없이
실컷 놀아보세요.

스스로에게 상 주기

가장 아끼는 게 뭐야? 무엇이 널 특별하게 해줄까?
있는 그대로의 너 자신을 마지막으로 축하해준 건
언제였어? 온전히 자신만 즐겁게 해주는 데 적당한 시간과
돈을 투자해봐. 자기 자신을 사랑하는 최고의 방법 중
하나는 '자신'에게 상을 주는 거야. 스스로를 돌보거나
존중하지 않으면, 또는 자신감이 없어지면, 언제라도
걱정거리가 튀어나올 수 있어. 그렇게는 살 수 없지.
아무리 작은 것이라도 네가 한 일을 스스로 포상해봐. 주위
사람들과 세상을 위해 한 일을 인정하면서 말이지. 그러면 자신감에
대한 모든 걱정이 완전히 사라지게 될 거야. 아주 영원히.

자신을 최고로 대우해주세요.
당신은 그럴 만한 자격이 충분합니다.

예산 짜기

경제적 문제보다 더 큰 스트레스는 없을 거야(충분히 이해해). 조개나 가축 대신 화폐가 교환수단이 된 이래 많은 사람이 고통을 받고 있어. 대부분 예산 짜기 같은 기본적 경제 개념이 없어서 그래. 요즘은 도움을 주는 소프트웨어나 전문가들이 많아. 일단 기름 값이나 식료품 구입에 드는 돈을 공책이나 스프레드시트에 빠짐없이 적어. 이것이 좋은 시작이 될 수 있다고. 그다음부터는 모든 지출을 다 적어서 매월 비교, 검토해보는 거야.

당신은 돈의 지배자입니까, 아니면 노예인가요?
괴로워할 거 뭐 있나요, 돈의 지배자가 되면 되죠.

단순하게 살아보기

성인이라면 모두 책임감이 있을 거야(결정할 일은 얼마나 많은지……).
책임감으로 억눌린 기분이 든다면, 책임질 일을 만들지 않는 것이
최선의 방법이겠지. 삶이 단순해질수록 걱정은 줄어들어. 관심과 주의,
자원을 뺏는 책임과 일을 줄여봐. 더 이상 주의산만해질 일도, 잡념이
생기거나 남을 설득할 일도 없겠지만, 이 방법을 배우면 행복해질
가능성은 더욱더 커져(걱정 없는 것이 곧 행복이라면 말이야).

 역사상 가장 현명한
사람들은 단순함이
주는 혜택을 익히
알았더랍니다.

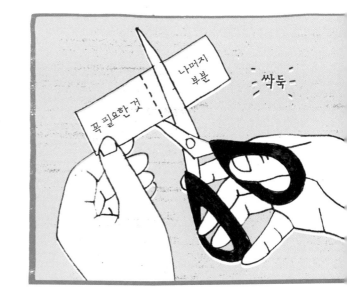

67 혼자 노래 부르기

노래 부르는 동안은 걱정을 잊게 돼. 노래를 열창하거나 허밍으로 따라
부르는 동안은 '난 행복하다'고 뇌를 속일 수 있어. 노래를 부르면
호흡을 더 깊이 하게 돼(그러면 알다시피, 스트레스와
걱정이 줄어들지). 노래하기는 물리요법보다
싸게 먹히고, 음주보다 건강하고 운동보다
훨씬 재미있어. 좋아하는 노래의 가사를
외우고 있어? 감정을 실어 그 노래를 따라
불러봐.

▶▶▶

노래는 삶에서 걱정이라는 악마를
싹 몰아낼 것입니다.

아침식사를 든든히

하루 중 가장 중요한 끼니는 아침식사라고들 하지. 자기 몸을 평가하는 방법 중 하나는 그것을 자동차라고 생각하는 거야(음식은 연료인 셈이야). 불량한 연료로, 또는 연료 없이 차가 어떻게 달리겠어? 여러 연구에 따르면, 아침을 굶을 경우 몸이 하루에 필요한 영양을 감당하지 못한다고 해(나중에 먹는다고 해도). 결국 점심 전에 지방과 당이 많은 간식에 손을 대고 말 거야.

건강한 하루를 보내려면 기상 후 2시간 안에 아침을 먹어야 합니다.

69

가끔은 화려하게

의상, 확인! 헤어, 확인! 액세서리, 확인! 신발, 확인! 메이크업, 확인! 뭔가
부담스럽게 느껴진다고? 패션 매장에 한번 가봐. 거의 모든 매장에서
패셔니스타를 찾을 수 있을 거야. 이들은 생판 모르는 남도 새롭게
변신시켜주고 싶어 안달이 나 있지. 돈도 받지 않아. 화려한 변신을 위한
자금을 약간만(많을 필요는 없어) 투자해서(비용이 걱정스러우면 또
재미가 없지) 변신을 즐겨봐. 자신의 새로운 모습에 여러 번 놀랄걸.
자주 하는 것도 좋지만, 너무 빠져들지는 말고.

화려한 변신을 누가
마다할까요?

70 고무줄 튕겨보기

한 의사가 '여성의 날' 인터뷰 중에 걱정을 줄여주는 기발한 방법을 하나
공유했어. 고무줄을 손목에 차고 있다가 무언가 걱정이 시작되면 즉시
고무줄을 잡아당긴다는 거야. 간단하지만 긍정적인 쪽으로 생각을
돌리도록 일깨우는 확실한 방법 아닐까. 걱정에서 도무지 헤어나지
못해 걱정이라면 이런 속임수라도 써봐. 걱정 따위 순삭될 거야.

고무줄처럼 되어봅니다.
걱정을 튕겨낼 수 있도록.

71

상황 파악이 먼저

버럭 하기 전에, 일단 팩트 체크를 해봐. 네가 통제할 수 없는 것이라면
전혀 걱정할 필요 없어, 의미가 없거든. 주변의 평판은 나도 모르게
만들어지는 거라고. 따라서 아무리 곤란한 상황이더라도 화내며
대처할 필요는 없어. 누군가 너와 네 행동을 쑥덕거리고 다닌다 해도
말이지. 널 질투해서 그런 것뿐이니 툭툭 털어버리고 묵묵히 네 삶을
살아가면 돼(인생은 그러기에도 너무 짧아).

모든 정보를 수중에 넣기 전까진 걱정 말아요.
절대 초초해할 필요 없습니다.

마음먹고 책상정리

이런 말이 있어, '책상이 어지러우면 정신도 어지럽다'라는. 정신이 산만하면
스멀스멀 걱정이 생겨나(스트레스, 불안, 건강 문제, 더한 어수선함은 말할
필요도 없고). 잡동사니는 자유와 성취의 적이야. 외출할 때마다 빵빵하게 채운
슈트케이스나 백팩을 끌고 다니지는 않니? 그러다 결국 내동댕이치고 싶은
지경에 이르지(누구나 다 그래). 집이나 직장에서나, 놀 때도 가볍게 다녀봐.
자신이 '만물의 으뜸'이라는 것을 아는 게 바로 걱정을 더는 좋은 방법이라고.
지금 당장 책상정리를 시작해.

영수증, 전화요금 고지서, 좋아하는 커피잔을
쉽게 찾을 수만 있다면 사는 게 한결 수월해질 거예요.

73

이기적이어도 괜찮아

다들 이기적으로 살지 말라고 배웠을 거야. 타인에게 친절하고
남들과 터놓고 공유하라고 말이지. 하지만 차에 연료가 바닥인데
다른 사람을 태울 수는 없는 거잖아. 맘속에서 '이건 아니야'라는
소리가 들리면, 정중히 거절해보면 어때? 너의 시간과 돈, 에너지는
지키고 현명하게 투자할 소중한 자원이야.

그냥 "아니요"라고 말해요.

한 번에 하나씩

아무리 네가 (그리고 극히 생산적인 사람들이) 아니라고 해도 전문가들은
인간은 멀티태스킹이 불가능하다고 설명해. 무엇을 생각하든, 뇌는 한 번에
하나씩밖에 집중하지 못해. 예를 들어 한 번에 하나씩 하는 것보다
멀티태스킹으로 두 가지를 할 때 더 오래 걸린다는 말이지.

멀티태스킹은
효과가 없습니다.
이상입니다.

신념의 위력

의심은 사람을 무력하게 만들어. 거기에 뭔가 걱정까지 더해진다면 치명적 칵테일을 들고 있는 셈이지. 하지만 너무 걱정하지는 마. 믿음만 있다면 어떠한 역경도 헤쳐 나갈 수 있어. 아무리 산이 높고 강이 깊다 한들 널 막지는 못해. 신념이 없으면 아무것도 없는 거야. 그렇지만 긍정의 마음만 가지면, 애초의 걱정 때문에 생길 고통을 피할 수 있어. 어떤 도전도 헤쳐 나갈 수 있는 이 능력을 왜 안 믿으려는 거지?

신념: 사람 혹은 사물에 대한
완전한 믿음이나 확신

다음 달 월세나 대출금 상환 생각에 막막해하고 있나요? 다리 밑에서 노숙하지는 않을 정도로 돈을 벌 수 있는 당신의 능력을 믿어보세요. 필요하다면 임상 시험에라도 지원해보는 겁니다

맹목적인 신념은 위험하지만 아무도 하지 못한 것을 해낸 사람도 있습니다. 공상가들은 사람들이 보지 못하는 것을 봅니다. 인간이 만든 물건은 처음에는 단지 '생각'에 지나지 않았어요. 모든 창작자/과학자는 자신의 창작물에 신념을 갖고 있었습니다.

세상 사람이 모두 나를 싫어하는 것 같아 걱정인가요? 피해망상에 사로잡히면 답은 없습니다. 사람이란 원래 친절하고 도움을 주며 사려 깊고 우호적이라는 신념을 가져보는 건 어때요? 뭘 믿든, 당신이 옳습니다.

종교인은 신에 대한 믿음을 갖고 있지요. 그렇지 않고서야 세상에 존재하는 만물에는 모두 이유가 있다는 걸 어떻게 확신하겠습니까? 당신이 비종교인이고 대부분의 시간을 걱정하는 데 보낸다면 신을 믿어보는 게 어떨까요? 결국 믿음은 최고의 보증서가 될 테니까요.

자나깨나 걱정하느라 스트레스라고요? 그렇다면 문제 해결을 위해 곰곰이 생각해보는 시간을 가져보세요. 해결책을 도출하기 위해 브레인스토밍하는 겁니다. 창의적인 문제 해결사는 사적으로든 직업적으로든 아주 바람직한 기술이라는 걸 명심하시고요.

76

버리고 비우기

물질적 소유는 닻과 같아서, 바람을 품고 앞으로 나아가야 하는 배가 닻에 걸린 채 꼼짝도 못하게 돼. 우리의 옷장, 지하실, 창고, 다락, 트렁크, 서랍에는 아마 1년 이상 사용하지 않고 놔둔 물건들로 가득할 거야.

행복하고 시간 관리도 잘하고 부모 노릇도 훌륭한 내 절친은 이런 철학을 지키며 살아. 지난 1년간 사용하지 않은 물건은 버리는 거지. 누구에게든 이러한 방식이 맞는 건 아니야. 그렇지만 이 친구가 (필요 이상으로 걱정하고 쌓아두는 대신) 가족과 친구들과 나누면서 얼마나 즐거워하는지 보면 아마 너도 당장 서랍이나 옷장을 열고 싶어질걸?

지금 눈앞의 물건들은 요긴한 게 아니라 당신을 숨 막히게 하고 있진 않나요?

초콜릿을 우물우물

최근 연구에 따르면 (밀크 말고) 다크 초콜릿이 마음을
진정시켜준대. 《단백질 연구 저널The Journal of Proteome Research》은
2주 동안 매일 기니피그들에게 45그램의 다크 초콜릿을 먹이고
스트레스 호르몬을 측정했어. 그 기니피그들은 스트레스를 덜
받았을 뿐만 아니라 더 행복해했대. 놀라운 일도 아니지?

당을 섭취하면 혈당이 오르락내리락할 순 있지만, 걱정거리가 있을
때 초콜릿 한 조각은 도움이 돼. 걱정이라는 악마를 물리치는 데
있어 기분을 고조시켜서(카페인 덕분) 살아 있음을 축하하는 것보다
더 좋은 방법이 있을까?

하루에 초콜릿 한 조각은
걱정을 녹여줍니다.

반전 스위치 on

이건 아주 단순하지만 고도로 세련된 마인드 게임이야. 이 방법을 통해 모든 문제를 객관적으로 바라보고 답을 얻을 수 있어.

회사에 지원서류를 냈는데 떨어질 것 같아 걱정이야. 그럴 수도 또는 그렇지 않을 수도 있는 일로 못 자는 대신, 직장을 구했다고 상상해봐. 물론 구직에 실패하면 실망하겠지. 하지만 결과를 알 때까진 걱정할 필요가 없잖아.

아니면, 사랑하는 사람이 안 좋은 일에 휘말려 걱정이라면 그렇지 않다고 가정하는 거야. 네가 걱정한다는 사실 자체가 네가 정확한 사실을 모른다는 증거잖아? 사랑하는 이가 나쁜 일을 한 것이 밝혀지면 그때 대처하면 돼.

삶의 모든 명사를 긍정적인 방향으로 돌리려고 노력해봐. 그러면 애초에 걱정할 필요가 없어진다고.

걱정할 일이 아무것도 없다면 어떨까요?

과거는 과거일 뿐

영적 지도자들은 인류가 시작된 이래, 미래는 알 수 없고 과거는 지나간
것이라고 말해왔어. 시공 연속체에서 존재하는 유일한 순간은 현재야.
단 1초 전에 일어난 일이라 해도 지금은 존재하지 않아(또한 5분 뒤에
일어날 일 역시 전혀 알 수 없지).

두려움이나 걱정은 과거의 부정적 경험을 선명히 기억함으로써 과거에
붙들려 '사는' 데서 발생한다는 거야. 맞아. '실수'를 되풀이하지 말자는
것을 아는 건 도움이 되지만, 과거에 머물러 있다면 절대 앞으로
나아가지 못해. 상처받은 마음을 달래기 위해 필요한 것은 삶의
과정으로 받아들이고 흘려보내는 것뿐이야.

 <u>과거의 일은 잊어버리세요.</u>

무엇 vs 어떻게

최고의 영적 지도자들은 결과에 집중하라고 조언해. 목표를 '어떻게' 달성할지, 사소한 디테일과 도전에 얽매이는 대신, 매 순간 해야 할 일을 하면서 한 번에 한 걸음씩 찬찬히 내딛는 거야. 네가 모든 결과를 예측할 수는 없잖아. 달성하고자 하는 목표가 무엇이든 결국 네가 걱정하는 이유는 단지 최선을 다하지 않았기 때문이야.

빵부스러기를 따라가는 겁니다.
그 과정을 믿으면서요.

81

모두 잠든 후에

하루는 24시간이야. 그러니 자동차 할부금을 갚거나 바나나를 사야
한다면 언제든 파트타임 일을 찾아볼 수 있어. 아니면 온라인으로
일정 금액을 버는 방법을 배운다거나. 하루아침에 부자가 되기를
기대하면 실망할 수 있으니 천천히 생각하고 조사해봐. 그리고 그
과정을 즐기는 거야. 결과는 아무도 모르는 법이라고.

아이들이 잠든 뒤, 넷플릭스 시청 대신
일을 시작하는 겁니다.

남들 눈에 신경 끄기

다들 남의 눈을 신경 쓰지. 이건 우리 잘못이 아니야. 다른 사람과
비교하는 것은 인간의 본성이니까. 그런데 그거 알아? 사람들 대부분은
자기 앞가림하기에도 너무 바빠서 너와 네 옷장, 집, 친구, 가족, 낡고 녹슨
자동차를 보고 뭐라고 할 겨를도 없다는 걸.

얼마나 다행이야. 살다 보면 아주 사소한 오해가 눈덩이만 한 스트레스의
원인이 되기도 해. 모든 일에는 약 70억 개의 방법이 있대(즉, 대부분 네가
원하는 대로, 원하는 만큼 할 수 있다는 소리지). 그러니 이제 그만, 다른
사람의 쓸데없는 의견들에는 걱정을 접는 게 어떨까?

▐▐▐▐▐▶

남들이 어떻게 생각할까 걱정하는 동안,
남들은 당신이 어떻게 생각하는지를 걱정할 테죠.
그러니 이제 그만!

83 최악의 시나리오 가정하기

자신에게 질문하기: 최악의 상황이라면 어떤 걸까?

왠지 불안해지면 종이와 펜을 집어 들고 닥쳐올 법한 비극을 가능한 많이
적어봐. 호러 영화의 스크립트를 쓴다고 가정하고, 아주 작은 걱정거리에 대해
최대로 과장된 결말을 상상해보는 거야. 이미 알고 있잖아. 네가 걱정하는 것
대부분은 실제로 일어나지 않으리라는 사실을 말야, 그렇지? 대신 상상력을
발휘해서 좋은 것만 꿈꿔보는 것은 어때?

두려워 떨 게 아니라
그것을 희망찬 목표로
바꿔보세요.

"여기서 잘리면 다른 직장을 찾을 수 없어요. 가장 최악은 집주인(또는 은행)이 지금 사는 아파트에서 날 쫓아낼 거라는 거죠. 그러면 난 생활 보호 대상이 되고 다리 밑에서 상자를 끼고 살아야 해요. 상심이요? 신호 대기 중인 차의 앞유리를 닦아주고 돈을 받음으로써 기업가 정신을 배울 수 있다는 것이겠죠."

"차를 도난당했을 때, 일어날 법한 최악의 상황은 공중전화까지 걸어가 친구나 택시회사에다 태워달라고 부탁해야 하는 것이죠. 또 경찰조서를 작성하고, 견인회사와 보험회사에도 전화해야 해요. 장점? 새 차를 사러 갈 수 있겠군요."

"친구와 연락이 끊긴 경우, 일어날 수 있는 최악의 상황이라면 한동안 외로움을 느낄지 모르겠어요. 장점은 새로운 삶을 시작하고 새 친구를 사귈 수 있다는 거죠. 혹시 알아요? 파티에 같이 갈 사람을 만나게 될지."

"적당한 배우자를 만나지 못하면, 스스로 모든 것을 챙기며 살다 결국 홀로 죽어가겠지요. 장점이요? 몸치에 사교적이지 못한 배우자의 뒤치다꺼리 대신 크루즈 여행에서 만난 이방인과 멋진 댄스를 즐길 수 있다는 것이에요."

"키우던 반려동물이 죽으면, 이후 최악의 상황은 그 아이를 그리워할 거라는 것이죠. 좋은 추억을 회상할 수 있다는 장점은 있겠군요. 함께 얼마나 즐거운 시간을 보냈는지를 기억하면 고통이 줄어들 거예요. 적당한 때가 되면, 새로운 반려동물을 찾을 수 있겠죠."

84

걱정거리 적어보기

정말 고통스럽거나 황당하면, 증거를 태우거나 갈기갈기 찢어버릴 수 있어. 하지만 지금 당장은 생각과 감정을 판단하려고 하지 말자. 만약 누군가를 싫어하거나 경멸한다면 그렇다고 말해봐. 두려운 것이 있다면 그것을 일단 적어봐. 잠을 못 자거나 음식을 못 먹거나 명료하게 생각할 수 없다면, 뇌 속에 아무것도 남지 않을 때까지 손가락을 움직여 이것저것 써보는 거야.

생각을 방출하면 머릿속에서 술술 나오기 시작할 테고, 그걸 종이에 정리하면 이해되기 시작할 거야.

당신 안의 편집자를 무시하고 종이에 문제를 털어놓으십시오.

집 안 곳곳을 청소

사방에 티끌 하나 용납하지 못하는 별종이 아닌 바에야 집 안 곳곳이 손댈 일투성이지.

간단히 쓸고 닦는 행위만으로도 걱정이 사라져. 게다가 또 다른 장점도 있어.

잘 정돈된 집 안은 숨 쉴 공간을 제공하고 성취감마저 안겨준다는 거야.

흠. 청결은 경건함 다음으로
중요한 것 같습니다.

주방 찬장을 청소합니다. 찬장 뒤에 무엇이 도사리고 있는지 알아요? 모두 꺼내서 미지의 것과 마주하고, 유통기한이 지난 것이나 불필요한 과거의 물건은 모두 버리세요. 질서정연하고 청결한 생활로 돌아가는 겁니다.

오븐을 청소합니다. 마지막으로 청소한 게 언제였나요? 기름 찌꺼기나 그을음이 쌓여 있으면 건강에도 나빠요. 그러니 스프레이 세제와 수세미로 반짝반짝 윤이 나도록 닦아보시죠.

가구 밑과 뒤쪽을 진공청소기로 돌려봅니다. 그냥 설렁설렁 청소하는 것이 아니라 가구를 싹 들어내고 뒤쪽이랑 아래쪽을 청소합니다. 이런 청소는 몸과 마음, 영혼에도 좋아요.

다림질은 어때요? 주름, 구김살과 더불어 걱정도 말끔하게 편 다음, 깨끗하고 잘 다려진 옷들이 차곡차곡 쌓이는 것을 보세요.

침구를 깨끗한 시트로 갈아봅니다. 새로 깐 침대보에 누웠을 때의 기분은 세상 무엇과도 바꿀 수 없어요. 새로운 시작과 단잠을 꿈꿔보세요. 이거야말로 인생 최고의 명약이랍니다.

생존가방 꾸리기

앞으로 무슨 일이 일어날지는 아무도 몰라. 그렇기 때문에 최악의
상황에 대비하는 건 매우 중요해. 최소한 차 트렁크 안에 담요, 양초,
성냥, 물, 조명탄, 자가발전 충전 라디오를 구비해둬. 무슨 일이
일어날지 모르니까. 나중에 후회하는 것보단 조심하는 것이 나아,
그렇지 않아? 어떤 사람들은 방공호를 만드는 것도 현명하다고
생각해. 걱정을 덜고, 원하는 만큼 긴급사태에 대처할 수 있잖아
(이웃이야 어떻게 생각하든 알 게 뭐야).

준비를 갖추면 언제 무슨 일이 생기든
걱정할 필요가 없습니다.

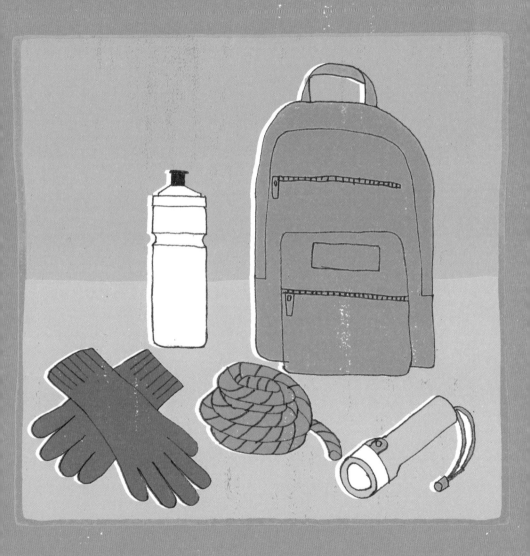

결정장애여, 안녕

성공한 사람들을 보면 신속하게 결정하고 변덕이 적지만, 실패한
사람들은 결정은 우유부단한 반면 마음은 오락가락해. 너는 어떤 쪽이야?
어떤 사람이 되고 싶어? 크든 작든 결정을 내릴 땐, 일단 마음을 먹었으니
걱정을 멈출 수 있게 돼. 어떤 결단을 내리든 거기에는 다 장단점이 있어.
우리는 배우고 성장하기 위해 세상에 온 거라고. 걸음마를 배우면서는
얼마나 무수히 넘어졌느냐 말이야. 그러나 그건 중요하지 않아. 일어나서
다시 걷는 게 중요한 거야. 잘못된 결정을 내릴까봐 계속 걱정하는 것,
그게 바로 잘못된 결정이라고.

결단을 내리지 않는 것은 움직이지 않는
것과 같습니다.

네 마음을 보여줘

오해 받거나 네 목소리가 전달되지 않을까 걱정스럽다면 좀 더
큰 소리로 이야기해봐. 걱정을 꽉꽉 담아두면 어느 누가 도울 수
있겠어? 누군가 네 기분을 알아주면 좋겠어? 사랑하는 이들과
두려움과 걱정을 신속하게 나눌수록, 이 도깨비들이 덜 괴롭힐 거야.
정말 멋지지 않아? 처음부터 의사소통에 능한 사람은 없지만
그럼에도 감정 나누기는 배워야 할 기술이야. 믿고 터놓고 싶은
사람에게 먼저 물어봐.

진정한 의사소통이 말하지 않은 것을 듣는
것이라면, 당신의 바디 랭귀지는 무얼 말하고
있나요?

89

교육 강좌 등록하기

개인 및 직업적 능력 개발은 수십억 원 규모의 산업이야(전통적인 중등 과정 이후의 교육으로서 말이지). 평생 교육원이나 지역 대학에서 제공하는 온라인 과정을 통해 경력 전환이나 진급에 필요한 기술을 배울 수 있어. 멀리 갈 수 없거나 시간이 없으면, 너만의 속도로 네게 안성맞춤인 과정을 이수해봐(매주 열리는 강의나 수업에 참석하는 것보다 더 빨리 진도를 나갈 수도 있어).

더 많이 배울수록 더 많이 벌지요.

90 좋은 사람과 점심식사

점심식사는 하루 중
두 번째로 중요한 끼니지.
좋아하거나 사랑하는, 또는
존경하는 사람과 낮 시간을
즐기는 것보다 더 좋은 게
있을까? 보통 점심식사는
빠르고 간단하게 때우는
경우가 많지만, 코스로 오후
내내 이어질 수도 있어. 그건
너와 네가 다니는 회사에

달렸지만. 스무디를 한 잔씩 들고 동네를 한 바퀴 돌아봐. 아니면 와인 한 병을
시키고 여러 애피타이저를 나누며 담소를 즐겨. 더 좋은 건, 일주일에 한 번씩
새로 만나는 사람과 점심을 같이해봐. 그리고 이걸 규칙적인 행사로 만드는
거야. 사람들과 친해질수록 걱정도 줄어들 거야(그리고 더 많이 배우게 될걸).

디저트 먼저 권해보세요.

91

기꺼이 도움 받기

걱정 때문에 죽을 것 같다면 누군가의 도움을 받아봐. 누구나 살면서
도움이 필요한 순간이 있어. 요즘은 두려움에 떨거나 (실제로든
상상이든) 잘못을 저지른 사람을 돕는 지원단체도 많아. 무료인 곳도
있고 소액을 받기도 하지. 하지만 돈이 있어봤자 어디에 쓰겠어?
건강한 육체와 마음, 정신이 없다면 그 어떤 상품도 너를 괴롭히는
걱정을 줄여주지 못해. 때로는 '정면 돌파'만이 유일한 '돌파구'가
되기도 해. 그러니 계속 너를 두렵게 하는 목소리, 끈덕지게
괴롭히는 문제와 맞서보는 게 어때?

당신은 혼자가 아니에요.

92 과감하게 사표 던지기

직장인의 평균 근무 경력은 고작 4.6년이래. 그러니 직장을 그만두는 것도 드문 일은 아니야. 아침에 일어나 출근하는 것이 끔찍하다면, (책임감을 갖고) 그만둘 방법을 찾아야 해. 지출은 줄이고 수입을 늘릴 방법이 있을까? 월세나 전세를 줄 방이 있어? 씀씀이를 줄이고 최대한 절약하면, 매달 생활비 충당을 위해 일을 많이 할 필요가 없어. 맞아, 잠시 불편할 순 있겠지. 하지만 정신적으로 온전한 게 더 중요하잖아. 직장이 걱정거리의 최우선 원인이라면, 상황 개선을 위해 긍정적이고 생산적인 무언가를 해야 해. 단 신중히 생각할 것!

연예 산업에 종사하고 싶다면 당장 그 공장에서 나와욧!

93

비타민 보충

공장형 농장과 가공/포장 식품 덕분에 식단에 비타민과 미네랄을
보충하기가 쉬워졌어. 건강과 웰빙에도 도움 되는 비타민 섭취는
걱정거리를 예방하는 현명한 방법이야. 지역 농산물 판매장을 이용하고
유기농 식품만 먹는다 해도, 여전히 부족한 영양소가 있을 수 있어.
하지만 우리 몸은 살아가면서 각 단계마다 필요한 영양소가 달라. 그러니
영양사나 자연요법사 또는 의사에게 내 몸과 라이프 스타일에 맞는
보조식품을 추천해달라고 해.

"비타민을 드세요."
-헐크 호건,
월드레슬링협회 챔피언

약속시간 엄수

상대방과의 긴장을 풀 수 있는 방법이 있어. 바로 약속시간을 잘
지키는 거야. 친구나 가족, 동료나 클라이언트에게 자연스럽게 존중
의사를 표하는 거지. 매번 지각하는 경향이 있다면 집을 좀 일찍
나서봐. 늦어서 허둥대는 것도 스트레스일 테니 일정이나 약속을 좀
넉넉하게 잡아. 늘 쫓길 필요는 없잖아. 이것만 지키면 아무리
바쁘더라도 사람과 약속 간의 균형을 유지하는 데 도움이 될 거야.

타인을 존경하면 타인의 존경을
받을 수 있습니다.

부단한 자기계발

무슨 일을 하든 넌 지금보다 더 잘할 수 있어. 부모나 상사의
잔소리처럼 들리겠지만, 실력을 닦을수록 친구나 가족, 동료에게는
물론 자신이 속한 분야에서 절대로 없어서는 안 될 존재가 되는
거야. (집에서든 직장에서든) 자신이 시대에 뒤떨어지고 대체 가능한
존재가 된다는 사실이 걱정되면, 능력을 발전시키고 더 나아지려고
노력하자고. 시간과 돈과 에너지를 투자하면 삶은 더 나아져.

무언가를 더 잘하게 되면,
어쨌든 사는 것에 대한 걱정이 없어집니다.

96

수입의 10퍼센트 적금 들기

아이 돌보기, 잔디 깎기, 레모네이드 판매 등 아르바이트로 번
돈의 10퍼센트만 저축해왔어도 지금쯤이면 꽤 모였겠지? 그러지
못했다면 지금이라도 늦지 않았어. 어려울 때를 대비해 저축을
시작해보는 거야. 통장에 잔고가 쌓일수록 걱정은 줄어들지.
그래도 여전히 많은 사람이 그날 벌어 그날 쓰기 바빠(어렵게 번
돈을 절약하고 투자하는 것이 얼마나 중요한지 잘 몰라서
그런지도……). 뭐니 뭐니 해도 돈 걱정이 가장 큰 스트레스야.
그러니 마음의 평화를 얻을 요량이면 수입의 10퍼센트를
저축해봐.

굳은 날을 대비하십시다.

97

창의적으로
표현하기

상상력이 풍부해? 무無에서 뭔가를 만들고 싶은 충동을 느껴? 아니면
다른 사람들이 못 보는 것을 잘 본다든지 또는 색상이나 질감, 형태,
소리, 이미지에 끌려? 이들 질문에 "맞아"라고 대답한다면(그리고
아직까지 나무, 점토, 천, 금속, 잉크, 유리, 픽셀, 종이, 소리 또는
완전히 다른 것으로 변형 가능한 유기물질로 실험해보지 않았다면),
이제 음식을 가지고 놀아볼 시간이야.

느끼기/생각하기/보기/듣기/맛보기를
새로운 방식으로 재해석해보세요.
아마 깜짝 놀랄걸요?

일단 100달러를 저금합니다. 오후에 시간을 비워 자신과 데이트하세요. 그리고 화방에 들러 재료와 도구를 고른 다음 직원에게 사용법을 물어봅니다. 집으로 돌아와 이 미술용품들을 활용해보세요.

음악을 들으며 어떤 악기가 내게 가장 잘 어울리는지 생각합니다. 그런 다음 음악 선생님을 찾아 레슨을 받는 거예요. 물론 규칙적으로 연습해야겠지요. 더 많이 연습할수록 더 아름다운 소리가 날 테고요. 아름다운 소리를 들으면 더 많이 연주하게 되겠죠?

코딩을 배워봅니다. 요새는 코딩을 가르쳐주는 학원도 많아요. 일단 키보드만으로 소프트웨어 만드는 방법을 익히면 무한한 창작 가능성(수익)을 얻을 수 있겠죠.

도자기, 목공예, 유리 불기, 뜨개질, 종이 공예 또는 요리 수업에 등록합니다. 사실 예술적으로 자아를 표현하는 방법을 배울 수 있는 강좌는 아주 많아요. 자, 무얼 망설이십니까?

마음속에 꼭꼭 담아둔 이야기를 책으로 써봅니다. 요새는 개인 출판도 거의 대중화되어 있으니까요. 아이디어만 좋다면 전 세계에 명성을 떨칠 수도 있어요. 요리책이나 회고록, 자기계발서, 소설 등 장르도 무궁무진하죠. 일단 쓰기 시작하면 다른 창조 활동과 마찬가지로 근심을 지울 수 있습니다.

98

남 탓은 그만

내 문제를 남 탓으로 돌리는 것은 정말 덜 떨어진 짓이야.

내 걱정, 근심, 문제의 원인은 다른 사람들인 것 같지만 절대 그렇지

않아(앞으로 그럴 일도 없고). 엘리노어 루스벨트는 "내 허락 없인

어떤 것도 내게 열등감을 느끼게 할 수 없어"라고 말했다지. 자기

삶을 100퍼센트 책임지지 못하면 걱정은 계속될 거야(좋은

사람이나 좋은 것이 다가와도 절대 행복해질 수 없어).

희생자는 결코 행복할 수 없습니다.
행복해지고 싶다면 기억하세요. 지금의
당신은 당신이 선택한 결과입니다.

99

성적 쾌감을 만끽

우리는 왜 무언가를 하는 걸까? 모두 행복해지기 위해서야. 본래 성적 쾌감
덕분에 지구상의 전체 종족은 영속할 수 있었어. 오르가슴이 이렇게 기분 좋은
것이 아니었다면, 혹은 오르가슴을 통해 스트레스를 발산하지 않았다면, 또
만족을 느낄 수 없었다면, 인류는 존재하지 않았을 거야. 그러니 지구상의 모든
존재를 위해 태양과 물과 섹스를 찬양하자고! 어찌 보면 되게 단순해. 이 책을 다
읽은 후에도 여전히 걱정거리가 있다면, 뭘 해야 하는지 알지?

우후!

100

아무것도 안 하기

램프의 요정 지니가 네게 세 가지 소원을 묻는다면, 하나는 정서적 성공, 다른 하나는 물질적 성공에 쓰고, 마지막 소원은 아마도(누구라도) 세계 평화가 아니었을까? 그리고 대부분의 사람들과 마찬가지로 너 역시 자기 자신을 '좋은 사람'이라고 생각할 거야. 그런 면에서 에드먼드 버크 Edmund Burke가 정곡을 찌르는 말을 했어. '선한 사람들의 방관은 악의 승리를 가져온다'라고. 때로는 가장 단순한 개념이 가장 이해하기 어려워. 그래서 그 말의 의미를 생각해봐야 하는 거고. 모든 이의 염원이 빨리 실현될수록 이런 책은 더 빨리 사라지겠지.

아무것도 하지 않으면 잘못할 일도 없습니다.
그러면 걱정할 일도 없겠지요.

옮긴이_ 이현수

대학에서 호텔 경영을 전공하고 숙명여대 국제관계대학원, 이화여대 통번역대학원을 졸업 후 현재
전문 번역가로 활동 중이다. 옮긴 책으로《나의 아름다운 책방》,《기똥찬 미래과학》,《깊은 잠》,《성공
리더십》,《월든, 숲 속의 삶 시리즈 2, 3》 등이 있다.

걱정 따위, 아이 돈 케어

초판 1쇄 발행일 2019년 1월 31일

지은이 올리버 루크 델로리
옮긴이 이현수
펴낸이 김현관
펴낸곳 율리시즈

책임편집 김미성
디자인 송승숙디자인
종이 세종페이퍼
인쇄 및 제본 올인피앤비

주소 서울시 양천구 목동중앙서로7길 16-12 102호
전화 (02) 2655-0166/0167
팩스 (02) 2655-0168
E-mail ulyssesbook@naver.com
ISBN 978-89-98229-67-2 03190

등록 2010년 8월 23일 제2010-000046호

ⓒ 2019 율리시즈 KOREA

이 도서의 국립중앙도서관 출판시도서목록(CIP)은 서지정보유통지원시스템
홈페이지(http://seoji.nl.go.kr)와 국가자료공동목록시스템(http://www.nl.go.kr/kolisnet)에서
이용하실 수 있습니다.(CIP제어번호: CIP2019002168)

책값은 뒤표지에 있습니다.